Die magische Mondreise

Teresa Heapy • David Litchfield

Aus dem Englischen von
Christophe Fricker

EDEL KIDS BOOKS

Das dunkle, kleine Haus von **Maus und Bär** lag mitten im großen, düsteren Wald, und heute wollte Maus zum Mond aufbrechen.

„Ich gehe jetzt zum Mond, Bär, ganz allein!",
sagte Maus. „Ich bastle mir einen richtigen Mondplan,
dann weiß ich, wo's langgeht."
„Setz dich doch erstmal hin", sagte Bär.
„Ich helf dir beim Packen … Dann gehn wir zwei zusammen los!"

„Nein, Bär", sagte Maus ganz ernst.
„Du musst mir nicht helfen.
Ich bin doch der Mondplanmacher.
Ich gehe allein!"

Maus werkelte am Mondplan herum.

Maus plante
und dachte nach

und schaute sich um und schrieb

und las und kritzelte los,
maß nach und zeichnete auf.

Was für ein wunderbarer, perfekter, praktischer Mondplan!

„Also dann", sagte Bär. „Wir brauchen Taschenlampen,
und Jacken und Schals, sonst frieren wir,
und eine Thermoskanne Tee."
„Ich brauche nur den Mondplan", sagte Maus.
„Bist du *sicher*?", brummelte Bär.
„Natürlich, Bär!", sagte Maus. „Ich weiß doch jetzt, wo's langgeht.
Zum Abendessen bin ich wieder da!"

Maus brach auf,
allein,
Richtung Mond.

Mit dem Mondplan
hinein in ein Erdloch,
hinauf auf einen Berg

und immer tiefer in den Wald.

Da bewegte sich was im Wald,
da flatterte und schrappte es
und raschelte und zischte ...

„Mondplan, zeig mir den Weg",
flüsterte Maus – doch überall
war undurchdringliches
Dunkel.

Und dann kam

ein KRUSCHELN,

ein SCHNAPPEN und

ein FLÜSTERN.

Augen blitzten im Gestrüpp
und schoben sich bedrohlich über Maus.
„Ich kann ganz allein gehn",
hauchte Maus,
„ganz allein, ganz allein ..."

Und dann stand da ...

Maus stolperte. „Nein, Bär, ich brauche deine Hilfe nicht! Es ist nur so dunkel, ich kann den Mondplan nicht sehen."

Da sagte Bär: „Ich weiß schon. Aber du kannst dich auf mich verlassen und ich mich auf dich, und zusammen kriegen wir das hin."

Maus tappte und hangelte sich voran, und Bär blieb dicht dahinter.
So krochen sie durch das Dunkel und aus dem Wald hinaus.
Da stand der große Mond! Seine milchige Spur lag auf dem Wasser ...

ein langes Wassergeglitzer
dehnte sich
vor ihnen
aus.

Maus machte eine Pause. „Bär, schau mal, mein Mondplan sagt, wir müssen über das Wasser. Aber zum Schwimmen ist es viel zu weit!"

Da sagte Bär: „Ich weiß schon. Aber du kannst dich auf mich verlassen und ich mich auf dich, und zusammen kriegen wir das hin."

Bär sah sich den Mondplan an,
und zwar ganz genau.
Dann fing er an, ihn zu falten.

Bär knickte Seiten um und klappte Ecken
aufeinander, er drehte und schob und drückte
ein bisschen und faltete manches wieder …

… auseinander.

Er strich das Papier ganz flach und glatt,

bis aus dem Mondplan von Maus ein kleines, dickes Viereck geworden war.

„Bär, was hast du denn da gemacht?", rief Maus. „Jetzt sind wir erst recht **verloren!**"

„ZIEH, Maus!",
sagte Bär.
„ZIEH!!"

Und Maus **zog,**

und Bär **zog** ...

und da faltete sich das Viereck des Mondplans langsam wieder auf,

ein Boot!
Genau richtig für zwei.

„Komm, steig schnell ein", sagte Bär.
Denn plötzlich war über ihnen und
um sie herum ein Sturm und ein Wind,
der das Boot ins Wanken
und Schwanken
und Wirbeln brachte.

Maus zitterte. „Bär, das schaffen wir nicht!
Die Wellen sind zu hoch, das Boot ist zu klein!"

Da sagte Bär: „Ich weiß schon. Aber du kannst dich auf mich verlassen und ich mich auf dich, und zusammen kriegen wir das hin."

Die ganze Nacht lang klammerten sie sich aneinander, durch das wildeste Wüten, das tobende Tosen des Sturms hindurch.

Dann endlich ließ der Wind nach und verzog sich. Doch leider verzog sich auch …

„Der Mond! Bär, der Mond geht weg!",
sagte Maus.
„Er scheint immer schwächer,
mein ganzer Plan war falsch!"
„Nein, schau mal, Maus", sagte Bär. „Dein
wunderbarer Plan führte uns hierher …

… zur Sonne."

Die Sonne streichelte mit warmen Fingern die Luft,
und der Himmel strahlte rosa, lila, orange und golden.
Die Sonne kitzelte ihre Ohren und pinselte ihnen
die Wärme ins Gesicht, sie streckte ihre Arme aus,
und neues Leben strömte ihnen bis in den Bauch.

„Bär, wollen wir wieder nach Hause gehen?",
fragte Maus.
„Oh ja, Maus", sagte Bär. „Aber weißt du denn, wie?
Uns fehlt doch jetzt dein Mondplan."

Da sagte Maus: „Ich weiß schon.
Aber du kannst dich auf mich verlassen und ich mich auf dich,
und zusammen kriegen wir das hin."

Ende

SO BASTELST DU DIR

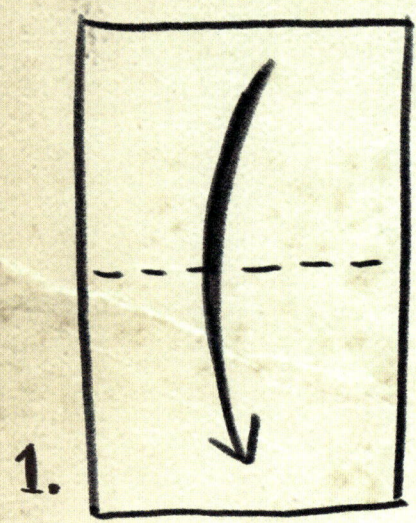

1. Nimm ein Blatt DIN-A4-Papier und Wachsmalstifte. Bemale beide Seiten in deinen Lieblingsfarben. So wird es wasserdicht. Falte es dann von oben nach unten zu einem länglichen Rechteck. Die offene Seite bleibt unten.

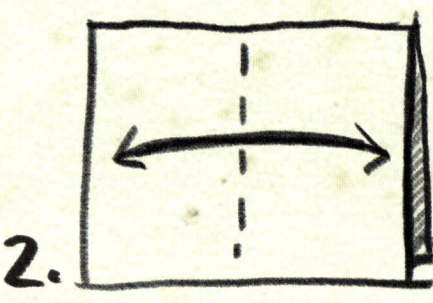

2. Das Rechteck faltest du nochmal in der Hälfte, von links nach rechts, klappst es aber gleich wieder auf. In der Mitte sieht man eine Faltlinie. Die nennt man Falz.

3. Falte die beiden oberen Ecken zum Falz.

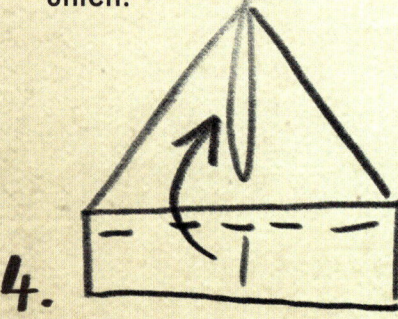

4. Nimm einen der beiden langen Streifen unten und knicke ihn hoch, sodass er teilweise über dem Dreieck liegt.

5. Falte die überstehenden Ecken hinter das Dreieck (sodass es auf der Rückseite zwei kleinere Dreiecke gibt).

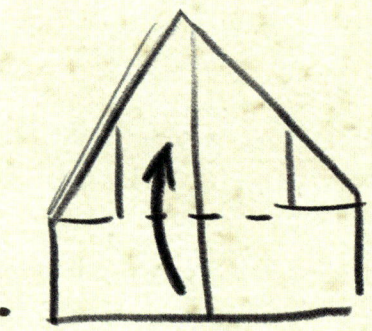

6. Dreh das Papier um und wiederhole Schritte 4 und 5 auf der anderen Seite.

EIN BOOT AUS PAPIER

(ZEICHNUNGEN VON BÄR)

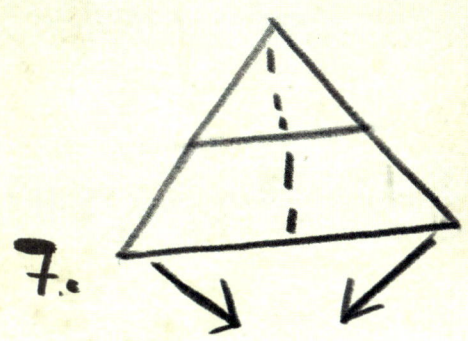

7. Zieh das Papier mit deinen beiden Daumen ein bisschen auseinander – es sieht dann ein bisschen wie ein Hut aus. Drücke den Hut flach, sodass daraus ein Quadrat wird.

8. Knicke eine untere Ecke des Quadrats hoch, dreh das Papier um und mach mit der anderen Seite das gleiche. Vor dir liegt dann ein Dreieck.

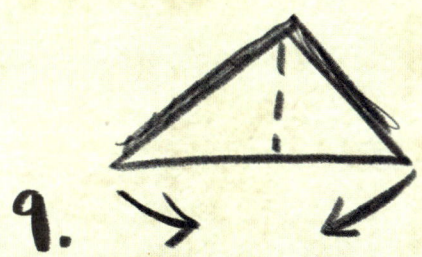

9. Wie bei Schritt 7 greifst du mit den Daumen in das Dreieck und ziehst die beiden Ecken zusammen. Dabei kommt ein dickes, kleines Quadrat heraus.

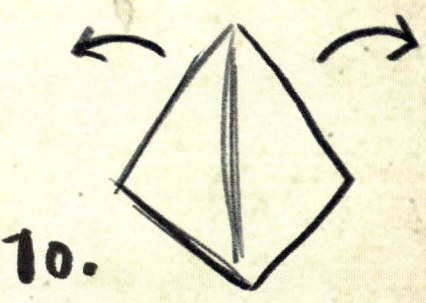

10. Zieh die beiden oberen Ecken des Quadrats auseinander. Jetzt hast du ein Papierboot!

FERTIG!

Edel Kids Books – Ein Verlag der Edel Verlagsgruppe

© 2022 Edel Verlagsgruppe GmbH, Kaiserstraße 14b, 80801 München

www.edel.com

1. Auflage 2022

Alle deutschsprachigen Rechte vorbehalten

Die Originalausgabe erschien 2020 unter dem Titel
„The Marvellous Moon Map"
bei Red Fox, Penguin Random House Children's
80 Strand, London WC2R 0RL

Umschlag- und Innenillustration: David Litchfield
Umschlaggestaltung und Satz: Büro 18, Friedberg
Übersetzung: Christophe Fricker

ISBN: 978-3-96129-278-3

Printed in Italy

Das Werk darf – auch teilweise – nur mit Genehmigung des Verlags wiedergegeben werden.